AF222908

Leipziger Herbst 1989

Im Dezember 1979 war aus Protest gegen den NATO-Doppelbeschluss, eine offensive Aufrüstungsdrohung, auch im Osten Deutschlands eine nicht vom Staat kontrollierte Friedensbewegung entstanden. Nach dem Scheitern der Verhandlungen zwischen der UdSSR und den USA begann 1983 die Stationierung nuklearer Mittelstreckensysteme in der Bundesrepublik. In der gleichen Zeit modernisierte die UdSSR ihre in Europa stationierten SS-20-Raketen; kurz vorher war sie in Afghanistan einmarschiert. Die Spannungen zwischen den Blöcken wuchsen bedrohlich; ein neuer, nuklearer Krieg schien bevorzustehen.

Die erste Friedensdekade in der DDR, initiiert von der ökumenischen Jugendarbeit, fand im Herbst 1980 * statt, zehn Tage bis zum Buß- und Bettag. Als Symbol wählte man das Umschmieden eines Schwertes zu einer Pflugschar, die Abbildung des sowjetischen Denkmals, das im Park des Geländes der Vereinten Nationen in New York steht. Es versinnbildlicht die Sehnsucht der Menschen nach Frieden, die der Prophet Micha im Alten Testament benennt: »Sie werden ihre Schwerter zu Pflugscharen und ihre Spieße zu Sicheln machen.« (Mi. 4, 1–4) Heftige Auseinandersetzungen folgten; die jungen Leute mit diesem Aufnäher am Ärmel ihrer Jacken wurden verfolgt – Pazifismus war in der DDR nicht vorgesehen. Die Friedensgebete entwickelten in den folgenden Jahren eine immer stärkere Eigendynamik und fanden ab 1982 auch außerhalb der jährlichen Friedensdekaden, initiiert und gestaltet von den Basisgruppen, immer montags in der Leipziger Nikolaikirche statt. Die oppositionellen Gruppen, vor allem Friedens- und Umweltgruppen, hatten sich seit Beginn der 1980er Jahre unter dem Dach der Kirche gebildet, führten zahlreiche Aktionen durch und forderten immer massiver Freiheit und Entmilitarisierung, Umweltschutz und elementare Menschenrechte, die Demokratisierung der Gesellschaft und politisches Mitspracherecht. Sie legten den Grundstein für eine regimekritische Öffentlichkeit und waren Teil einer sich ausbreitenden widerständigen Lebenskultur mit alternativen Möglichkeiten. Dazu trug entscheidend Gorbatschows Politik von Glasnost und Perestroika (Transparenz und Umgestaltung) in der Sowjetunion seit 1985 bei. Die Angst vor sowjetischen Panzern, wie in der DDR am 17. Juni 1953, wie in Ungarn 1956 und in Prag 1968, schien nicht mehr real.

Ab Mitte der 1980er Jahre wurde die Situation in der DDR zunehmend prekär. Der Niedergang der Wirtschaft, Versorgungsmängel, katastrophale Umweltbedingungen und nicht mehr zu reparierende Schäden in verfallenden Städten traten so unübersehbar zutage, dass sie weder durch Zensur und Informations- und Meinungsmonopol der SED noch durch die unerträgliche allgegenwärtige Propaganda oder die Bespitzelung durch die Stasi (Ministerium für Staatssicherheit) vertuscht werden konnten. Dazu kamen die Missachtung von Bürgerrechten, die Abhängigkeit der Justiz, eine Reformunfähigkeit der Regierung und – 1989 – die nachgewiesene Wahlfälschung. Doch es gab weder eine Öffentlichkeit für Kritik, noch konnte man eine andere Meinung als die herrschende Staatsdoktrin äußern, ohne als feindlich abqualifiziert zu werden. Einzig die Kirche bot einen Freiraum, eine Art Schutzraum für Meinungsäußerungen, für Diskussionen und eine, wenn auch kleine, Öffentlichkeit. Ende der 1980er Jahre hatte sich die Situation in der DDR so zugespitzt, dass für einen großen Teil der Bevölkerung keine Hoffnung mehr zu bestehen schien und die Übersiedlung in den Westen Deutschlands die einzige Alternative war.

Was folgte, war ein Exodus ungeahnten Ausmaßes. Als in Ungarn ab Mai 1989 demonstrativ die

Grenzzäune zu Österreich abgebaut wurden, war die Ausreise- und Flüchtlingswelle aus der DDR nicht mehr aufzuhalten. Leipzig als größtes industrielles Ballungszentrum der DDR war besonders von Umweltverschmutzung und Stadtzerstörung betroffen, ein ökologisches Katastrophengebiet. Durch die zweimal jährlich stattfindenden Messen und die daraus resultierende Präsenz westlicher Medien erreichte man allerdings eine andere Öffentlichkeit als in den anderen Städten der DDR. Als die Menschen, die die DDR verlassen wollten, vom Nikolaipfarrer schon seit 1988 Beistand und Unterstützung erfahrend, die Friedensgebete in der Nikolaikirche als Kommunikations- und Kontaktmöglichkeit entdeckt hatten, erscholl nach dem montäglichen Gebet auf dem Nikolaikirchhof der Ruf »Wir wollen raus!« nicht ungehört. Die oppositionellen Gruppen, die Reformen wollten, setzten dem ein »Wir bleiben hier!« entgegen.

Die Staatsmacht reagierte mit Gewalt, mit Verhaftungen, sogar mit Genehmigungen von Ausreiseanträgen, um Ruhe im Land zu schaffen. Doch der Niedergang der DDR war nicht mehr aufzuhalten. Die Opposition wuchs, und die Situation kulminierte am 9. Oktober 1989, als in Leipzig 70 000 Menschen trotz angedrohter Gewalt für ihre Freiheit auf die Straße gingen. Dieser Übermacht der mutigen Demonstranten mit dem Ruf »Wir sind das Volk!« und der Lethargie der Staatsführung ist es zu verdanken, dass nicht geschossen wurde. Der Leipziger 9. Oktober 1989 war der Tag der Entscheidung, der nicht nur die Friedliche Revolution, den Zusammenbruch des SED-Regimes und eine Demokratisierung der Gesellschaft einleitete, sondern auch den Sturz der Mauer und die Einheit Deutschlands.

1. Der Weg zur Friedlichen Revolution

1988

1. Februar: In Leipzig werden Flugblätter verteilt: »Bürger, setzt Euch ein für Demokratie und Menschenrechte, übt Solidarität mit den zu Unrecht verhafteten Bürgerrechtlern!« Etwa 700 Personen nehmen am Friedensgebet teil.

5. Februar: Jürgen Tallig schreibt an die Wände der Unterführung am Leuschnerplatz: »Wir brauchen Offenheit und Demokratie wie die Luft zum Atmen. M. Gorbatschow«. Er wird verhaftet und zu mehr als 4000 Mark Geldstrafe verurteilt.

19. Februar: Pfarrer Führer hält in der Nikolaigemeinde einen Gemeindeabend zum Thema Ausreise aus der DDR, der von ca. 900 Menschen besucht wird. Führer bietet die Friedensgebete als Kontaktmöglichkeit an.

Frühjahr: Da sich die Ausreisebewegung zunehmend bei den Friedensgebeten in der Nikolaikirche artikuliert, werden diese zu Massenveranstaltungen und erhalten Öffentlichkeit in den Westmedien.

14. März: Nach dem Friedensgebet bleiben Gruppen von Ausreisewilligen auf dem Nikolaikirchhof stehen. Unter dem Schutz der Berichterstattung von der Frühjahrsmesse senden die bundesdeutschen Fernsehanstalten ARD und ZDF erstmals Bilder davon.

5. Juni: Erster Pleiße-Gedenkmarsch, der auf die katastrophale Umweltsituation in Leipzig aufmerksam macht. Die »Initiativgruppe Leben« und die »Arbeitsgruppe Umweltschutz« organisieren diesen »Trauermarsch für den zur Kloake verkommenen Fluß«. An der Demonstration beteiligen sich etwa 200 junge Menschen.

27. Juni: Nach dem letzten Friedensgebet vor der Sommerpause werden Spenden für Jürgen Tallig gesammelt (siehe 5. Februar).

29. August: Nikolaipfarrer Führer erklärt, dass die Friedensgebete nicht mehr von den Gruppen organisiert werden dürfen, damit sie weiterhin stattfinden können. Es kommt zu Protesten der Gruppen in und vor der Nikolaikirche.

Christian Führer
1943–2014, ev. Pfarrer, 1980–2008 Pfarrer an der Nikolaikirche in Leipzig, organisierte im Rahmen der Friedensdekade Veranstaltungen, aus denen die Friedensgebete gegen das Wettrüsten in Ost und West entstanden, 1987 Organisation eines Pilgerwegs im Rahmen des Olof-Palme-Friedensmarsches und eines Gesprächskreises »Hoffnung« für Ausreisewillige, 1988 machte sein Vortrag »Leben und Bleiben in der DDR« die Montagsgebete zu einem Anziehungspunkt für Ausreisewillige und Oppositionelle, nach 1990 besonderer Einsatz für Arbeitslose.

5. September: Nach dem Friedensgebet protestieren Mitglieder von Basisgruppen vor der Nikolaikirche; ca. 150 gehen bis zum Markt; sie fordern eine offene, pluralistische, zivile Gesellschaft, politische Mitbestimmung, Gewaltenteilung, individuelle Freiheitsrechte und Rechtsstaatlichkeit. Zivile Sicherheitskräfte lösen die Gruppe auf.

Pleiße-Gedenkmarsch am 5. Juni 1988

24. Oktober: Es finden wieder Proteste der Basisgruppen vor der Nikolaikirche mit Kerzen und Transparenten statt.

9. November: Schweigemarsch von etwa 200 Menschen mit Kerzen im Anschluss an das Friedensgebet zum Gedenken an die Pogromnacht 1938. Ein Flugblatt »Zur gesellschaftlichen Erneuerung der DDR« wird verteilt.

13. November: In der Reformierten Kirche findet ein »Tag für Espenhain« statt.

19. November: Die sowjetische Zeitschrift »Sputnik« wird verboten.

28. November: Aktion der Basisgruppen während der Internationalen Dokumentar- und Kurzfilmwoche: Luftballons mit der Aufschrift »Sputnik« werden losgelassen.

Jürgen Tallig
Geb. 1956, Maschinenbauingenieur im VEB Wärmeanlagenbau Leipzig, 1982 Kündigung, anschließend arbeitslos, Ausbildung und Arbeit als Buchhändler, Mitbegründer der Gruppe »Neues Denken/ Dialog« und des NEUEN FORUM in Leipzig, ab 1990 Studium der Politik- und Sozialwissenschaft, heute Sozialarbeiter in Berlin-Weißensee.

5

Uwe Schwabe
Geb. 1962, Instand-
haltungsmechaniker,
engagierte sich bei der
Jungen Gemeinde der
Leipziger Nikolaikirche
für den Umweltschutz,
1986 Mitbegründer der
»Initiativgruppe Leben«,
die am Pleißepilgerweg
1988 und 1989 beteiligt
war, Akteur bei der
Leipziger Luxemburg-
Liebknecht-Demons-
tration im Januar 1989,
beim Straßenmusikfesti-
val im Juni 1989 sowie
bei den Friedensgebeten
und Montagsdemonstra-
tionen, heute Mitarbeiter
des Zeitgeschichtlichen
Forums Leipzig.

Gedenkdemo für
Rosa Luxemburg und
Karl Liebknecht am
15. Januar 1989

1989

10. Januar: Pfarrer Führer bringt an der Informationstafel der Nikolaikirche den Text der Ökumenischen
Versammlung »Mehr Gerechtigkeit in der DDR – unsere Aufgabe, unsere Erwartung« an.

11. Januar: Die »Initiative zur demokratischen Erneuerung unserer Gesellschaft« verteilt 5000 Flugblätter
in Leipziger Hausbriefkästen, auf denen sie zu einer
Gedenkdemonstration für Rosa Luxemburg und Karl
Liebknecht am 15. Januar aufruft.

15. Januar: Erste Kundgebung mit ca. 500 Teilnehmern für Demokratie und Pressefreiheit auf dem
Marktplatz, die dann in Richtung Braustraße, zum
Geburtshaus von Karl Liebknecht, strebt. Sie wird von
der Polizei aufgelöst, es folgen 53 »Zuführungen«.
Das löst DDR-weite Proteste und Fürbittandachten
aus.

6. Februar: Chris Gueffroy wird bei dem Versuch, die
Berliner Mauer zu überwinden, erschossen. Er ist der
letzte »Mauertote«.

14. Februar: Beschluss des Nikolaikirchenvorstandes,
dass die Friedensgebete ab April wieder von den Basisgruppen gestaltet werden können.

2. März: Um die Lage zu stabilisieren, beschließt die Bezirksverwaltung der Stasi, alle Ausreisewilligen, die die Friedensgebete als Kommunikationsmöglichkeit nutzen, ausreisen zu lassen.

13. März: Friedensgebet in der Nikolaikirche und Demonstration von etwa 600 Ausreisewilligen während der Frühjahrsmesse. Alle Teilnehmer erhalten kurze Zeit später die Genehmigung zur ständigen Ausreise.

10. April: Der »Arbeitskreis Gerechtigkeit« gibt eine Adresse für die Beratung von Wehrdienstverweigerern bekannt.

2. Mai: Beginn des Abbaus der Grenzanlagen zwischen Ungarn und Österreich.

7. Mai: Kommunalwahlen in der DDR. Oppositionelle Gruppen rufen dazu auf, zur Wahl zu gehen, gegen die Kandidaten der Nationalen Front zu stimmen und die Stimmenauszählung zu beobachten. Dadurch kann Wahlbetrug nachgewiesen werden. Fast 1000 Menschen versammeln sich am Abend auf dem Markt und vor der Nikolaikirche und protestieren gegen die Wahlfälschung, die damit öffentlich gemacht wird. Etwa 100 Demonstranten werden misshandelt und verhaftet.

8. Mai: Friedensgebet. Die Polizei bildet einen Kessel um die Nikolaikirche und verhaftet wahllos aus der Kirche Kommende. Der Druck auf kirchliche Amtsträger wächst, die Basisgruppen zu disziplinieren.

22. Mai: Friedensgebet. Alle Straßen um die Kirche sind von Polizeiketten abgeriegelt. Rufe der Eingekesselten nach dem Gebet: »Wir wollen raus!«

29. Mai: Polizei mit Hunden riegelt den Nikolaikirchhof ab. Es kommt zu Misshandlungen und Verhaftungen.

4. Juni: In Peking wird die Demokratiebewegung blutig zerschlagen (zwischen 700 und 3000 Opfer); die DDR-Führung beglückwünscht die Machthaber zur »Niederschlagung einer Konterrevolution«. – Mehrere Basisgruppen organisieren die Aktion »Eine Hoffnung lernt gehen – Pleißepilgerweg 1989«, um auf die katastrophale Umweltsituation aufmerksam zu machen. 74 Pilger werden festgenommen.

5. Juni: Friedensgebet mit etwa 1250 Menschen. Da der Landesbischof anwesend ist, halten sich die Sicherheitskräfte zurück. Es kommt zu ersten Protestkundgebungen für China.

Jochen Läßig
Geb. 1961, Studium der Theologie (ohne Abschluss), Tätigkeit in mehreren oppositionellen Gruppen, 1989 Hauptorganisator des Leipziger Straßenmusikfestivals, Mitbegründer des NEUEN FORUM in Leipzig, 1990–1996 Vorsitzender der Fraktion Bündnis 90/Grüne im Leipziger Stadtparlament, 1990–1999 Stadtrat in Leipzig, Jurastudium, heute in einer Steuer- und Rechtsanwaltskanzlei tätig.

Erstes Straßenmusikfest am 10. Juni 1989

Roland Quester
Geb. 1965, Möbeltischler, Mitbegründer der AG Umweltschutz beim Jugendpfarramt und 1988 der Umweltbibliothek, entrollte 1986 bei der Demonstration zum 1. Mai mit einem Freund vor der Tribüne ein Bettlaken mit der Aufschrift »Atomkraft. Nein, danke!«, anschließend inhaftiert, nach dem ersten Pleiße-Gedenk-Marsch auch U-Haft, langjähriger Leiter der Umweltbibliothek Leipzig und Stadtrat.

10. Juni: In Leipzig findet das Erste Straßenmusikfest statt, das von Basisgruppen auf Initiative des Theologiestudenten Jochen Läßig organisiert wurde. Es ist nicht genehmigt; die Konfrontation ist einkalkuliert und gewollt. Trotzdem kommen Musiker aus der ganzen DDR, die bis gegen 12 Uhr in der Innenstadt musizieren. Dann prügelt die Polizei auf die Musikanten ein; es gibt zahlreiche »Zuführungen«, auch von Zuhörern.

12. Juni: Eine kleine Demonstration nach dem Friedensgebet (ca. 200 Menschen) wird durch Sicherheitskräfte aufgelöst.

19. Juni: Der Schweigemarsch für die Umwelt im Anschluss an das Friedensgebet (ca. 1000 Teilnehmer) wird von Sicherheitskräften aufgelöst.

24. Juni: Unter der Überschrift »Was trieb Frau A. K. ins Stadtzentrum?« wird erstmals über die Montagsaktivitäten in der »Leipziger Volkszeitung« (LVZ) berichtet.

26. Juni: Beim Friedensgebet protestiert Pfarrer Führer gegen die Todesurteile in China und gegen den Artikel in der LVZ vom 24. Juni. Nach dem Friedensgebet wird Sven Kulow von der Polizei zusammengeschlagen und verhaftet.

27. Juni: Symbolische Stacheldrahtdurchtrennung an der ungarisch-österreichischen Grenze durch die Au-

ßenminister Alois Mock und Gyula Horn. Es entstehen Flüchtlingslager von DDR-Bürgern in Ungarn; Ende August sind etwa 150 000 Menschen dort. In der bundesdeutschen Prager Botschaft haben etwa 1500 Menschen Zuflucht gesucht.

Statt-Kirchentag bei der Abschlussveranstaltung des Kirchentages

6.–9. Juli: Kirchentag der Evangelischen Landeskirche Sachsen in Leipzig. Die staatskritischen Gruppen sind offiziell vom Kirchentag ausgeschlossen und veranstalten in der Lukaskirche den »Statt Kirchentag« mit Pfarrer Christoph Wonneberger; etwa 2500 Personen nehmen teil. Nach dem Abschlussgottesdienst auf der Rennbahn formiert sich, organisiert vom Statt-Kirchentag, ein Demonstrationszug gegen Wahlbetrug und für Demokratie, der bis zur Peterskirche gelangt. Stasi-Mitarbeiter reißen den Demonstranten das Transparent mit dem Wort »Demokratie« in Deutsch und Chinesisch aus den Händen. In der Peterskirche gibt es spontane Gebets- und Gesprächsgruppen. Nach etwa zwei Stunden löst sich die Versammlung von etwa 700 Menschen auf. Die »Arbeitsgruppe Menschenrechte« und der »Arbeitskreis Gerechtigkeit« veröffentlichen einen Appell gegen die »offen zutage tretende Gewalt staatlicher Organe in Leipzig«.

Christoph Wonneberger *Geb. 1944, ev. Pfarrer, 1977–1984 Pfarrer in Dresden, 1980 Begründer der DDR-weiten »Initiative Sozialer Friedensdienst«, seit 1981 Überwachung durch die Stasi, 1985 Pfarrer der evangelischen Lukasgemeinde in Leipzig-Volkmarsdorf, 1987 Gründer der »Initiative Frieden und Menschenrechte«, 1989 gestaltete er maßgeblich die politischen Inhalte der Friedensgebete in der Nikolaikirche und war Mitorganisator der anschließenden Demonstrationen, ab 1991 im Ruhestand.*

Manfred Hummitzsch
*1929–2015, 1967–1989
Leiter der Bezirksver-
waltung Leipzig des
Ministeriums für Staats-
sicherheit, seit 1974
Generalmajor, seit 1989
Generalleutnant.*

7. Juli: Auf dem Gipfeltreffen der Staaten des Warschauer Vertrags in Bukarest erklärt Gorbatschow,
dass jedes Land das Recht auf seine eigene Entwicklung habe. Dies ist das Signal, dass die Sowjetunion
wahrscheinlich nicht mit militärischer Gewalt ein-
schreiten wird, wenn es zu Reformbewegungen in den
Staaten des Warschauer Vertrags kommt.

17. Juli: Der Leiter der Bezirksverwaltung Leipzig
des Ministeriums für Staatssicherheit, Manfred Hummitzsch, sagt auf der Dienstversammlung: »Wenn wir
den Untergrund nicht unter Kontrolle bringen, dann
wird es eines Tages zur Straßenschlacht kommen. Es
gilt von Anfang an: Dagegenhalten!«

Katrin Hattenhauer
*Geb. 1968, Theologie-
studium in Leipzig,
Mitglied im Leipziger Ar-
beitskreis Gerechtigkeit,
Mitorganisatorin des
Straßenmusikfestivals im
Juni 1989, Mitbegründe-
rin des Archivs Bürgerbe-
wegung Leipzig, nach
einer Flugblattaktion am
15. Januar 1989 mit
53 anderen Demonst-
ranten festgenommen,
anschließend exmatri-
kuliert und Stasi-Haft,
heute freischaffende
Künstlerin in Berlin und
Pella/Italien.*

14. August: Erich Honecker verkündet: »Den Sozialismus in seinem Lauf hält weder Ochs noch Esel auf.« –
Die Ausreisebewegung ist nicht mehr beherrschbar.
Seit Dezember 1988 wurden 86 150 Ausreiseanträge
genehmigt.

19. August: Grenzfest in Sopron (Ungarn). Über 600
DDR-Bürger nutzen die offene Grenze zur Flucht nach
Österreich.

25. August: Der Leipziger Oberbürgermeister Bernd
Seidel bitte die Kirche darum, das Friedensgebet am
Messemontag (4. September) auszusetzen.

27. August: Katrin Hattenhauer initiiert eine Fasten-
aktion in der Thomaskirche.

28. August: Kurt Masur lädt zur Veranstaltung »Stra-
ßenmusik in Vergangenheit und Gegenwart« ein, die
den Organisatoren und Teilnehmern des Straßenmusikfestivals eine erste öffentliche Diskussion ermöglicht.

2. Der Leipziger Herbst –
Die Friedliche Revolution

4. September, Montag: Leipziger Herbstmesse. Nach der Sommerpause entwickelt sich das Friedensgebet in der Nikolaikirche mehr und mehr zu einem Treffpunkt der Ausreisewilligen. Aber auch ohne das Friedensgebet zu besuchen, versammeln sich nun Menschen auf dem Kirchhof. Superintendent Friedrich Magirius würdigt die politischen Reformen in Ungarn, Polen und der Sowjetunion. Etwa 1500 Menschen versuchen eine erste Demonstration auf dem Nikolaikirchhof mit dem Ruf »Wir wollen raus!« abzuhalten. Der Demonstrationszug »Für freie Fahrt nach Gießen« wird auf dem Hauptbahnhof aufgelöst. Aber es gibt auch Stimmen, die rufen: »Wir bleiben hier!« Damit wird erstmals der Graben zwischen Ausreisewilligen und denen, die eine Veränderung der Verhältnisse in der DDR wollen, aufgehoben. Diese erste Demo geht als »doppelte Montagsdemonstration« in die Geschichte ein. Da wegen der Messe die westliche Presse anwesend ist, gelangen diese Bilder in die »Tagesschau« und die internationalen Medien.

7. September: In der LVZ erscheinen Berichte über »Unruhestifter in der Leipziger Innenstadt«.

Friedrich Magirius Geb. 1930, ev. Pfarrer, 1973–1982 Leiter der Aktion Sühnezeichen in der DDR, 1982–1995 Superintendent des Kirchenbezirkes Leipzig-Ost und Pfarrer an der Nikolaikirche (gemeinsam mit Christian Führer), 1988 entschied er aus Angst vor einer Konfrontation mit der Staatsmacht, Pfarrer Christoph Wonneberger als Koordinator der Friedensgebete in der Nikolaikirche abzusetzen, Januar–Mai 1990 Leiter des Runden Tisches in Leipzig, 1990–1994 Stadtpräsident von Leipzig.

In unserem Land ist die Kommunikation zwischen Staat und
Gesellschaft offensichtlich gestört. Belege dafür sind die weit
verbreitete Verdrossenheit bis hin zum Rückzug in die private
Nische oder zur massenhaften Auswanderung. Fluchtbewegungen diesen
Ausmaßes sind anderswo durch Not,Hunger und Gewalt verursacht.
Davon kann bei uns keine Rede sein.
Die gestörte Beziehung zwischen Staat und Gesellschaft lähmt die
schöpferischen Potenzen unserer Gesellschaft und behindert die
Lösung der anstehenden lokalen und globalen Aufgaben. Wir verzetteln
uns in übelgelaunter Passivität und hätten doch Wichtigeres, zu tun
für unser Leben,unser Land und die Menschen.
In Staat und Wirtschaft funktioniert der Interessenausgleich
zwischen den Gruppen und Schichten nur mangelhaft. Auch die
Kommunikation über die Situation und die Interessenlage ist
gehemmt. Im privaten Kreis sagt jeder leichthin,wie seine Diagnose
lautet und nennt die ihm wichtigsten Maßnahmen. Aber die Wünsche
und Bestrebungen sind sehr verschieden und werden nicht rational
gegeneinander gewichtet und auf Durchführbarkeit untersucht.
Auf der einen Seite wünschen wir uns eine Erweiterung des
Warenangebotes und bessere Versorgung,andererseits sehen wir deren
soziale und ökologische Kosten und plädieren für die Abkehr vom
ungehemmten Wachstum. Wir wollen Spielraum für wirtschaftliche
Initiative,aber keine Entartung in eine Ellenbogengesellschaft.
Wir wollen das Bewährte erhalten und doch Platz für Erneuerung
schaffen,um sparsamer und weniger naturfeindlich zu leben.
Wir wollen geordnete Verhältnisse,aber keine Bevormundung.
Wir wollen freie,selbstbewußte Menschen,die doch gemeinschafts-
bewußt handeln. Wir wollen vor Gewalt geschützt sein und dabei
nicht einen Staat von Bütteln und Spitzeln ertragen müssen.
Faulpelze und Maulhelden sollen aus ihren Druckposten vertrieben
werden,aber wir wollen dabei keine Nachteile für sozial schwache
und wehrlose. Wir wollen ein wirksames Gesundheitswesen für jeden,
aber niemand soll auf Kosten anderer krank feiern. Wir wollen am
Export und Welthandel teilhaben, aber weder zum Schuldner und
Diener der führenden Industriestaaten noch zum Ausbeuter und
Gläubiger der wirtschaftlich schwachen Länder werden.
Um all diese Widersprüche zu erkennen,Meinungen und Argumente
dazu anzuhören und zu bewerten,allgemeine von Sonderinteressen zu
unterscheiden,bedarf es eines demokratischen Dialoges über die
Aufgaben des Rechtsstaates,der Wirtschaft und der Kultur.
Über diese Fragen müssen wir in aller Öffentlichkeit,gemeinsam und
im ganzen Land nachdenken und miteinander sprechen. Von der
Bereitschaft und dem Wollen dazu wird es abhängen,ob wir in
absehbarer Zeit Wege aus der gegenwärtigen krisenhaften Situation
finden. Es kommt in der jetzigen gesellschaftlichen Entwicklung
darauf an,
-daß eine größere Anzahl von Menschen am gesellschaftlichen
 Reformprozeß mitwirkt,
-daß die vielfältigen Einzel- und Gruppenaktivitäten zu einem
 Gesamthandeln finden.
Wir bilden deshalb gemeinsam eine politische Plattform für die
ganze DDR,die es Menschen aus allen Berufen,Lebenskreisen,Parteien
und Gruppen möglich macht,sich an der Diskussion und Bearbeitung
lebenswichtiger Gesellschaftsprobleme in diesem Land zu beteiligen.
Für eine solche übergreifende Initiative wählen wir den Namen

N E U E S   F O R U M

10. September: Der Aufruf zur Gründung des NEUEN FORUM (Aufbruch 89) wird öffentlich gemacht.

11. September, Montag: Ungarn öffnet offiziell seine Grenze nach Österreich; es kommt zu einer Massenflucht von DDR-Bürgern. – Friedensgebet in der Nikolaikirche mit Bischof Hempel mit etwa 1300 Teilnehmern. Ausreisewillige bleiben anschließend auf dem Nikolaikirchhof stehen und sprechen miteinander. Es kommt zum massiven Polizeieinsatz; 89 Personen werden festgenommen, später werden Ordnungsstrafen bis zu 5000 Mark ausgesprochen.

12. September: Gründung des NEUEN FORUM in Berlin mit dem »Aufruf 89« zur »Initiierung eines demokratischen Dialogs über die Aufgaben des Rechtsstaates, der Wirtschaft und der Kultur«. Für Leipzig ist dort Michael Arnold vertreten. – Gründung der Bürgerbewegung »Demokratie jetzt« und einer Initiativgruppe zur Gründung der SPD in der DDR (SDP). – Im bundesdeutschen Fernsehen (ARD) läuft ein Dokumentarfilm über den Verfall ganzer Stadtteile Leipzigs und über Leipziger Jugendliche. Die LVZ berichtet über Zusammenrottungen.

13. September: An der Informationstafel der Nikolaikirche ruft Michael Arnold zur Gründung des NEUEN FORUM in Leipzig auf. – In der Markusgemeinde bildet sich eine Gruppe, die Solidaritätsaktionen für Inhaftierte und tägliche Fürbitten organisiert, Transparente anbringt und Kerzen vor der Nikolaikirche aufstellt.

14. September: Gründungsaufruf des »Demokratischen Aufbruch«.

18. September, Montag: Zum Friedensgebet ist die Nikolaikirche überfüllt. Pfarrer Christian Führer bittet um Verständnis für die Bereitschaftspolizisten: »Für uns Christen bleibt auch der, der gegen uns vorgeht mit Gewalt, ein Mensch!« Die Kirche sei ein Haus der Hoffnung, das möge sich ausdehnen auch auf den Platz davor. Dichte Polizeiketten umgeben die Kirche. Nach dem Friedensgebet erfolgt ein brutaler Polizeieinsatz; es gibt Verhaftungen.

15.–19. September: Die Synode des Bundes der Evangelischen Kirchen in der DDR in Eisenach erklärt: »Die Massenauswanderung von Bürgern der DDR in die Bundesrepublik Deutschland zwingt dazu, Ursachen dafür zu benennen, daß offensichtlich viele, besonders auch junge Menschen in unserem Land und für unser Land keine Zukunft mehr sehen.«

Michael Arnold
Geb. 1964, Zahnarzt, Politiker, Mitglied des Sächsischen Landtages (Bündnis 90/Die Grünen), schloss sich 1987 der neugegründeten »Initiativgruppe Leben« an, die aus Teilen der Leipziger Arbeitsgruppe Umweltschutz hervorgegangen war. Er war Mitbegründer des NEUEN FORUM und organisierte mehrere Aktionen und Demonstrationen, exmatrikuliert und mehrfach verhaftet, auf Grund von internationalen Protesten entlassen und die Exmatrikulation später zurückgenommen, Sprecher der IG Leben; Bezirkssprecher, später auch Landessprecher des NEUEN FORUM.

Andreas Körner
Geb. 1949, Wehrdienst als Bausoldat, Diplomingenieur, 1989 Mitbegründer der SDP (SPD) in Leipzig und erster Kreisvorsitzender 1990–1991, Mitglied der SPD-Fraktion im Stadtrat, Fraktionsvorstand, 2001–2007 Vorsitzender des SPD-Ortsvereins Leipzig-Ost.

19. September: Die Initiativgruppe NEUES FORUM
beantragt ihre Zulassung als Bürgervereinigung für
den Bezirk Leipzig.

22. September: Der Minister des Innern der DDR
teilt über ADN (Allgemeiner Deutscher Nachrichten-
dienst, Staatliche Nachrichtenagentur der DDR) mit,
das NEUE FORUM sei verfassungs- und staatsfeind-
lich. – Bisher haben 3000 Menschen den Aufruf un-
terzeichnet.

24. September: In der Markusgemeinde findet auf Ein-
ladung der »Initiative zur demokratischen Erneuerung
unserer Gesellschaft« ein erstes Treffen von Vertretern
der Bürgerbewegungen statt.

25. September, Montag: In Berlin erhalten Bärbel
Bohley und Jutta Seidel die offizielle Mitteilung, dass
das NEUE FORUM nicht zugelassen wird, weil keine gesellschaftliche Notwendigkeit für eine solche
Vereinigung bestehe und sie darüber hinaus verfas-
sungsfeindlich sei. – Den Friedensgebetsgottesdienst
in der Nikolaikirche hält Pfarrer Christoph Wonneberger. Seine Predigt ist eine deutliche Reaktion auf
den brutalen Polizeieinsatz vom letzten Montag; offen
benennt er die Situation: Gewalt, Betrug, Angst, De-
formierung, Gegengewalt, wieder Angst. »Mit Gewalt

läßt sich aus einem ganzen Menschen ein kaputter machen. Wer anderen die Fluchtwege raubt, hat bald selbst keine Fluchtwege mehr. Staatliche Gewalt muß effektiv kontrolliert werden – gerichtlich, parlamentarisch und durch uneingeschränkte Mittel der öffentlichen Meinungsbildung.« Er zeigt den gewaltlosen Weg und die Überwindung der Angst mit den Worten Jesu auf: »Fürchtet Euch nicht – mir ist gegeben alle Gewalt im Himmel und auf Erden.« Sein Fazit lautet: »Gegenüber solcher Vollmacht sind Stasi-Apparat, sind Hundestaffeln, sind Hundertschaften nur Papiertiger. Wir können auf Gewalt verzichten.« – Nach dem Gottesdienst bleiben die Menschen auf dem Kirchhof stehen. Die Rufe »Wir bleiben hier« und »We shall overcome« ertönen und werden aufgegriffen. Jemand ruft: »Losgehen«. Da der Nikolaikirchhof von Polizeiketten abgeriegelt ist, die einen Marsch zum Markt unmöglich machen, ziehen die Menschen, sich an den Händen haltend, zum Karl-Marx-Platz. Der erwartete Polizeieinsatz bleibt aus. Es kommt spontan zur ersten Montagsdemonstration über den Ring (mit etwa 6000 bis 8000 Teilnehmern). Immer mehr Menschen schließen sich an. Der Zug geht Richtung Bahnhof. Es ertönt der Ruf »Freiheit, Gleichheit, Brüderlichkeit«, die »Internationale« wird gesungen. Die Menschen fordern Reformen und die Zulassung des NEUEN FORUM. An der Reformierten Kirche geht der Zug zurück und löst sich langsam auf mit dem Ruf »Montag sind wir wieder da«! Dies ist die Geburtsstunde der Friedlichen Revolution.

28. September: Der Bezirksstaatsanwalt droht den Pfarrern Führer und Wonneberger Haftstrafen an, sollten sie weiterhin DDR-Recht verletzen.

29. September: Die LVZ veröffentlicht bestellte Leserbriefe unter der Überschrift »Wir wollen weiter in Ruhe und Geborgenheit leben«. – Überall im Land nehmen Gebete und Aktionen für Verhaftete zu; westliche Medien informieren darüber.

30. September: Bundesaußenminister Hans-Dietrich Genscher verkündet in der Prager Botschaft die bevorstehende Ausreise der DDR-Flüchtlinge. Dem vorausgegangen waren Überfüllungen und Schließungen der Botschaften. Sonderzüge bringen über 5500 Flüchtlinge aus Prag und ca. 800 aus Warschau in die Bundesrepublik. In den Folgetagen versammeln sich wieder 7000 Menschen in den Botschaften, die ebenfalls ausreisen dürfen.

Klaus Kaden
Geb. 1951, ev. Pfarrer,
1989 Stadtjugendpfarrer
in Leipzig, stellte der
Umweltbibliothek Leip-
zig Räume und Arbeits-
mittel zur Verfügung,
war um Integration der
Ausreisewilligen bemüht
und richtete für diese
beim Stadtjugendpfarr-
amt einen »Bibelkreis«
ein, bei dem sie recht-
liche Beratung erhalten
konnten; 2006–2014
Rektor der Diakonissen-
anstalt Dresden.

2. Oktober, Montag: Das Friedensgebet in der Nikolai-kirche hält Pfarrer Klaus Kaden. Er fragt nach der Schuld an der katastrophalen Lage im Land. Er spricht über die Mitschuld aller: »Und dann zeigen wir auf sie, die Mörder unserer Hoffnung, die Diebe unserer Freiheit, die Schlüsselverwalter unserer geschlossenen Gesellschaft – ... doch wir sind nicht nur die Leidtra-genden ... wir hielten und halten unser Schweigen für verordnet, unsere Anpassung für Überlebenskunst, un-sere Feigheit für Friedfertigkeit ... aber diese Art von Selbstbetrug ist keinen Deut besser als unsere Medi-en.« Seine Predigt zeigt deutlich die Notwendigkeit des Weges der Umkehr und der Zivilcourage. Es geht um Reformen im Land, auch um das Artikulieren von Hass, aber so, dass die für den Hass Verantwortlichen nicht zwangsläufig ihr Gesicht verlieren, um sich auf Augenhöhe begegnen zu können. Demonstrationen sollten ein politisches Ziel haben, um die politische Landschaft zu kultivieren. – In der überfüllten Refor-mierten Kirche, in der erstmals ebenfalls ein Friedens-gebet stattfindet, predigt Dominikanerpater Bernhard Venzke über den Erntedank: »Wir ernten viel mehr als wir säen. Der Samen aus den guten Früchten muß wieder in den Boden; das ist die Verantwortung der Christen für die nächste Generation.« Der elf Men-schen, die am 18. September verhaftet worden waren, wird gedacht. – Trotz Angst und Polizeigewalt versam-meln sich 10 000 bis 20 000 Leipziger und ziehen mit Transparenten und Sprechchören um den Ring. Neben dem Ruf »Wir wollen raus!« heißt es nun auch ganz massiv: »Wir bleiben hier!« und »Keine Gewalt«. Erst-mals rufen die Demonstranten: »Wir sind das Volk!« – die »Untertanen« haben ihre Stimme wiedergefunden. Hinter dem Hauptbahnhof versuchen Polizei und Kampfgruppen, den Zug durch eine Straßensperre aufzuhalten. Rufe ertönen: »Schämt euch was!« und »Väter gegen Söhne«. Die Demonstranten setzen sich untergehakt auf die Straße. Es steht auf des Messers Schneide, wann und auf welcher Seite Tätlichkeiten beginnen. Die Kette wird durchbrochen, jubelnd wer-den Polizeimützen in die Luft geworfen. An der nächs-ten Polizeisperre ruft die Menge ihren Schutzheiligen an: »Gorbi, Gorbi«, und verlangt: »Keine Gewalt!« Der Zug geht bis zur Thomaskirche weiter; dort steht man einer Sperre mit Schutzschilden gegenüber. Gum-miknüppel werden eingesetzt, zahlreiche Demons-tranten verhaftet. Erstmals agiert die Staatsmacht mit sogenannter Sonderausrüstung, mit Helm, Schild und Gummiknüppel. – Gewandhauskapellmeister Kurt Masur erklärt in einem ARD-Interview angesichts der Gewalt: »Ich schäme mich« und ruft zu einem gesamtgesellschaftlichen Dialog auf.

3. Oktober: Die DDR schließt ihre Grenzen zur ČSSR.

4. Oktober: Aufruf des NEUEN FORUM: »Gewalt ist kein Mittel der politischen Auseinandersetzung! Laßt euch nicht provozieren!«

4.–5. Oktober: Die Züge mit den Botschaftsflüchtlingen aus Prag fahren durch Dresden in die Bundesrepublik. Am Dresdner Hauptbahnhof kommt es zu Tumulten.

6. Oktober: In der LVZ wird ein bestellter Leserbrief veröffentlicht: »Werktätige des Bezirkes fordern: Staatsfeindlichkeit nicht länger dulden. Die Angehörigen der Kampfgruppenhundertschaft ›Hans Geiffert‹ verurteilen, was gewissenlose Elemente seit einiger Zeit in der Stadt Leipzig veranstalten. Wir sind dafür, daß die Bürger christlichen Glaubens in der Nikolaikirche ihre Andacht und ihr Gebet verrichten. Das garantiert ihnen unsere Verfassung und die Staatsmacht unserer sozialistischen DDR. Wir sind dagegen, daß diese kirchliche Veranstaltung mißbraucht wird, um staatsfeindliche Provokationen gegen die DDR durchzuführen. Wir fühlen uns belästigt, wenn wir nach ge-

7. Oktober, Grimmaische Straße

7. Oktober, Grimmaischer Steinweg

taner Arbeit mit diesen Dingen konfrontiert werden. Deshalb erwarten wir, daß alles getan wird, um die öffentliche Ordnung und Sicherheit zu gewährleisten, um die in 40 Jahren harter Arbeit geschaffenen Werte und Errungenschaften des Sozialismus in der DDR zu schützen, und unser Aufbauwerk zielstrebig und planmäßig zum Wohle aller Bürger fortgesetzt wird. Wir sind bereit und Willens, das von uns mit unserer Hände Arbeit Geschaffene wirksam zu schützen, um diese konterrevolutionären Aktionen endgültig und wirksam zu unterbinden. Wenn es sein muß, mit der Waffe in der Hand! Wir sprechen diesen Elementen das Recht ab, für ihre Zwecke Lieder und Losungen der Arbeiterklasse zu nutzen. Letztlich versuchen sie damit nur, ihre wahren Ziel zu verbergen. Kommandeur Gunter Lutz im Auftrag der Kampfgruppenhundertschaft ›Hans Geiffert‹.« Das ist die offene Drohung, die nächste Montagsdemonstration mit militärischer Gewalt zu zerschlagen.

7. Oktober: Bei den Feiern zum 40. Jahrestag der DDR mahnt der sowjetische Staatschef Gorbatschow in Berlin grundlegende Reformen in der DDR an: »Wer zu spät kommt, den bestraft das Leben.« – In der ganzen DDR kommt es zu öffentlichen Protesten und Demonstrationen. Die Demonstrationen werden mit Gewalt aufgelöst und von der Polizei niedergeknüppelt; in Berlin kommt es zu regelrechten Straßenschlachten. – Auch in Leipzig formiert sich ein großer Demonstrationszug mit über 4000 Teilnehmern. Die Demonstration wird mit Wasserwerfern aufgelöst, auch Hunde werden eingesetzt. 210 Menschen werden verhaftet und auf dem Gelände der AGRA im Süden Leipzigs in Ställen arretiert. – In Schwante wird die Sozialdemokratische Partei für die DDR (SDP) gegründet.

8. Oktober: Gründung eines »Operativen Einsatzstabes« der Staatssicherheit, der für den »Spannungsfall« mit Verhaftungen von mehreren hundert Oppositionellen vorgesehen ist. Stasi-Minister Erich Mielke weist an, »alle Personen herauszuarbeiten, von denen aufgrund vorliegender Hinweise und Erkenntnisse in Verbindung mit der möglichen Lageentwicklung antisozialistische und andere feindlich-negative Handlungen und Aktivitäten zu erwarten bzw. nicht auszuschließen sind«. Bis zum 8. Oktober sind DDR-weit 3318 verdächtige Personen »zugeführt« worden. – In der Michaeliskirche findet die erste öffentliche Veranstaltung des NEUEN FORUM in Leipzig statt. Dabei unterzeichnen etwa 700 Menschen den Gründungsaufruf »Aufbruch 89«.

Petra Lux
Geb. 1956, Leiterin eines Jugendclubhauses in Leipzig, 1983 Entlassung aus politischen Gründen, 1987 Gründung der freien Theatergruppe »Mühle M8«, 1989 Mitbegründerin und Sprecherin des NEUEN FORUM, 1990/91 Mitarbeiterin der »DAZ – Die andere Zeitung«.

7. Oktober, Karl-Marx-Platz

19

9. Oktober, Montag:
Der Tag der Entscheidung

Die LVZ veröffentlicht eine innenpolitische Seite mit Stellungnahmen von Bürgern, die sich gegen »Zusammenrottungen«, »Verunglimpfungen der sozialistischen Staatsmacht« und »Provokationen gegen unseren Staat« aussprechen.

7.30 Uhr: Die Bezirkseinsatzleitung der SED stellt fest, dass Demonstrationen nicht mehr zu verhindern sind. An der Nikolaikirche hängt seit den frühen Morgenstunden ein Bettlaken mit den Worten: »Leute, keine sinnlose Gewalt, reißt Euch zusammen!«

9.00 Uhr: Der Einsatz von 3000 bewaffneten und 5000 so genannten gesellschaftlichen Kräften wird durch die Bezirkseinsatzleitung vorbereitet, »um mögliche Provokationen im Keim zu ersticken«. Etwa 700 SED-Mitglieder erhalten den Auftrag, sich zum Friedensgebet in der Nikolaikirche zu versammeln, »um Provokationen zu verhindern«. Da sie bisher nur von der Gewaltbereitschaft der Betenden gehört hatten, kommt es zu ersten wichtigen Begegnungen zwischen überzeugten SED-Mitgliedern und Oppositionellen.

10.00 Uhr: Ein Aufruf von Basisgruppen wird verbreitet, der absolute Gewaltlosigkeit fordert.

Appell

In den letzten Wochen ist es mehrfach und in verschiedenen
Städten der DDR zu Demonstrationen gekommen, die in Gewalt
mündeten : Pflastersteinwürfe, zerschlagene Scheiben, aus-
gebrannte Autos, Gummiknüppel- und Wasserwerfereinsatz.
Es gab eine unbekannte Zahl Verletzter, von Toten ist die
Rede.
Auch der letzte Montag in Leipzig endete mit Gewalt.
Wir haben Angst. Angst um uns selbst, Angst um unsere Freunde,
um den Menschen neben uns und Angst um den, der uns da in
Uniform gegenübersteht. Wir haben Angst um die Zukunft
unseres Landes. Gewalt schafft immer nur Gewalt. Gewalt
löst keine Probleme. Gewalt ist unmenschlich. Gewalt kann
nicht das Zeichen einer neuen, besseren Gesellschaft sein.

Wir bitten alle :
- Enthaltet Euch jeder Gewalt !
- Durchbrecht keine Polizeiketten, haltet Abstand zu Ab -
  sperrungen!
- Greift keine Personen oder Fahrzeuge an!
- Entwendet keine Kleidungs- oder Ausrüstungsgegenstände der
  Einsatzkräfte!
- Werft keine Gegenstände und enthaltet Euch gewalttätiger
  Parolen!
- Seid solidarisch und unterbindet Provokationen!
- Greift zu friedlichen und phantasievollen Formen des
  Protestes!

An die Einsatzkräfte appellieren wir:
- Enthaltet Euch der Gewalt!
- Reagiert auf Friedfertigkeit nicht mit Gewalt!

        W i r   s i n d   e i n   V o l k !
   Gewalt unter uns hinterläßt ewig blutende Wunden!

Partei und Regierung müssen vor allem für die entstandene
ernste Situation verantwortlich gemacht werden. Aber
h e u t e   ist es an uns, eine weitere Eskalation der
Gewalt zu verhindern. Davon hängt unsere Zukunft ab!

Leipzig, den 9. Oktober 1989   Arbeitskreis Gerechtigkeit
                               Arbeitsgruppe Menschenrechte
                               Arbeitsgruppe Umweltschutz
Innerkirchlich! LV° IO/89/3/3

*Appell von Basisgruppen
zur absoluten Gewalt-
losigkeit am 9. Oktober*

Kurt Masur
1927–2015, Dirigent, 1970–1997 Gewandhauskapellmeister in Leipzig, als Mitglied und treibende Kraft der »Leipziger Sechs« rief Masur vor der Montagsdemonstration am 9. Oktober 1989 zur Besonnenheit auf, forderte den Dialog und hatte damit großen Anteil daran, dass die Situation nicht eskalierte und nicht auf friedliche Demonstranten geschossen wurde, 1989 Ernennung zum Ehrenbürger der Stadt Leipzig.

Kurt Meyer
Geb. 1935, Lehrer, Mitglied der SED-Bezirksleitung, zuständig für Hoch- und Fachschulen, seit 1986 als Sekretär für Kultur, nach 1990 bis zur Pensionierung Lehrer für Deutsch und Geschichte am Thomas-Gymnasium. Mitverfasser des Aufrufs der »Leipziger Sechs« vom 9. Oktober 1989.

Peter Zimmermann
Geb. 1944, Theologe, Assistent und wissenschaftlicher Sekretär der Sektion Theologie der Universität Leipzig, Mitarbeit in der Christlichen Friedenskonferenz in Prag, Mitverfasser des Aufrufs der »Leipziger Sechs« vom 9. Oktober 1989. 1990 Suspendierung wegen Tätigkeit als IM.

Vormittag: In Betrieben, Schulen und Institutionen wird davor gewarnt, am Nachmittag in die Innenstadt zu gehen. Auf dem Markt stehen die Stände der »Leipziger Markttage«. Es werden Gerüchte gestreut, die Demonstranten hätten vor, diese anzuzünden. Es kursieren Gerüchte über die Bereitstellung von Blutkonserven in den Krankenhäusern, auch von Truppenbewegungen im Umland ist die Rede.

13.45 Uhr: Kurt Masur ruft den 1. SED-Bezirkssekretär für Kultur, Kurt Meyer, an und schlägt vor, gemeinsam darüber nachzudenken, was man tun könne, um am Abend eine Eskalation zu verhindern. Meyer verständigt sich mit zwei anderen Sekretären der SED-Bezirksleitung, Hans-Joachim Pommert und Roland Wötzel. Man will versuchen, eine friedliche Lösung zu finden.

14.10 Uhr: Die Nikolaikirche ist voll besetzt.

15.30 Uhr: Im Haus von Kurt Masur in Leipzig-Leutzsch treffen sich die drei Sekretäre der SED-Bezirksleitung Pommert, Wötzel und Meyer mit Masur, dem Kabarettisten Bernd-Lutz Lange und dem Theologen Peter Zimmermann – die später sogenannten »Leipziger Sechs«. Gemeinsam verfassen sie einen Aufruf zur Gewaltlosigkeit und zum Dialog.

15.50 Uhr: Vor der überfüllten Nikolaikirche versammeln sich mehrere hundert Menschen, die nicht mehr eingelassen werden können.

16.00 Uhr: Am Neumarkt stehen LKW mit Schiebegittern; in der ganzen Stadt ist Polizei mit Hunden präsent. Die Geschäfte und Cafés der Innenstadt schließen. Die Nikolaikirche, die Thomaskirche, die Reformierte und auch die Michaeliskirche sind überfüllt. Vor den Kirchen stehen Tausende und warten. 3000 Polizisten, Angehörige der Kampfgruppen und NVA-Soldaten stehen bereit.

17.00–18.00 Uhr: Das Friedengebet in der Nikolaikirche gestalten die Friedensgruppe Gohlis und Pfarrer Weidel. Sie mahnen an: Zeitungsmeldungen haben zur Verschärfung der Situation geführt, deshalb Bitte um Frieden und »um gemeinsames Nachdenken, warum und weshalb wir in diese brisante gesellschaftliche Lage gekommen sind.« Und: »Die Schuld in einem Volk ist unteilbar.« Es gibt Hoffnung auf Reformen, wenn »wir den Geist der Friedfertigkeit, der Ruhe und der Toleranz in uns einkehren lassen und eine Sprache mit den jetzt Herrschenden finden.« – Auch in der Reformierten Kirche gibt es einen Aufruf zur Gewaltlosigkeit und die Hoffnung auf einen unblutigen Ausgang. Die Predigt hält Pfarrer Hans-Jürgen Sievers: »Es wird auf unserem Weg kein Zurück geben. Wenn wir ein gutes Ziel haben, muß auch der Weg dahin ein guter sein und müssen die Mittel, die wir anwenden, gut sein.« – Die Thomaskirche ist erstmals für das Friedensgebet geöffnet. Landesbischof Hempel ist anwesend. Superintendent Johannes Richter predigt über zwei Verse aus dem 25. Kapitel der Sprüche Salomons: »Durch Geduld wird ein Fürst überredet, und eine linde Zunge zerbricht Knochen. Ein Mann, der seinen Zorn nicht zurückhalten kann, ist wie eine offene Stadt ohne Mauern.« Er versteht die Ungeduld wegen des beharrlichen Schweigens der Regierung, fordert dennoch zu Geduld auf, denn Ungeduld bringe Unruhe, dann Zorn, dadurch werde man angreifbar. Seine Bitte: Mut zur Geduld, Kraft für gute Sprache und Tapferkeit, dem Zorn zu widerstehen. Er bittet die Teilnehmer des Friedensgebetes, auf kürzestem Weg nach Hause zu gehen. Er fürchte eine Demonstration. – Die Michaeliskirche ist ebenfalls erstmals für die Friedensgebete geöffnet. Pfarrer Gerd Krumbholz hält eine Meditation über das Weizenkorn – es muss sterben, damit neue Früchte wachsen. Daran schließt er die Frage an, was in der DDR sterben müsse, damit neue Frucht wachsen könne: Angst und Mangel an Zivilcourage, Drang, über andere bestimmen zu wollen, Utopie, in unserem Land bundesdeutsche Verhältnisse kopieren zu wollen. Absterben, Keimen und Wachsen brauchen Zeit – »Wir sind Saat in Gottes Hand.«

17.30 Uhr: Der Aufruf der »Leipziger Sechs« wird in den nächsten zwei Stunden immer wieder im Stadtfunk verlesen. Auch in den Kirchen wird der Text vorgelesen, wohin er mit Boten bzw. von Zimmermann persönlich gebracht wird. Für alle ist er befreiend, aber immer noch weiß niemand, was vor den Kirchen geschehen wird. »Bürger! Professor Kurt Masur, Pfarrer Dr. Zimmermann, der Kabarettist Bernd-Lutz Lange und die Sekretäre der SED-Bezirksleitung Dr. Kurt Meyer, Dr. Hans-Joachim Pommert und Dr. Roland Wötzel wenden sich mit folgendem Aufruf an alle Leipziger: Unsere gemeinsame Sorge und Verantwortung haben uns heute zusammengeführt. Wir sind von der Entwicklung in unserer Stadt betroffen und suchen nach einer Lösung. Wir alle brauchen freien Meinungsaustausch über die Weiterführung des Sozialismus in unserem Land. Deshalb versprechen die Genannten allen Bürgern, ihre ganze Kraft und Autorität dafür einzusetzen, daß dieser Dialog nicht nur im Bezirk Leipzig, sondern

Roland Wötzel
Geb. 1938, Ökonom und Jurist, Parteifunktionär, seit 1971 Vorsitzender der Bezirksplankommission Leipzig und bis 1977 stellvertretender Vorsitzender des Rates des Bezirks Leipzig, seit 1971 Mitglied der SED-Bezirksleitung und Abgeordneter des Bezirkstages, seit 1984 Sekretär für Wissenschaft, Erziehung und Kultur (später für Wissenschaft und Bildung) der SED-Bezirksleitung Leipzig, Mitverfasser des Aufrufs der »Leipziger Sechs« vom 9. Oktober 1989.

Bernd-Lutz Lange
Geb. 1944, Autor und Kabarettist, 1966 Gründungsmitglied des Leipziger Studentenkabaretts »academixer«, seit 1978 Berufskabarettist, seit 1988 freier Autor mit zahlreichen, darunter autobiografischen, Veröffentlichungen und Publikationen zur Geschichte der Leipziger Juden. Mitverfasser des Aufrufs der »Leipziger Sechs« vom 9. Oktober 1989.

Hans-Joachim Pommert
Geb. 1929, Journalist, Parteifunktionär, 1963–1969 Chefredakteur der LVZ, 1969–1990 Sekretär für Agitation und Propaganda der SED-Bezirksleitung, Mitverfasser des Aufrufs der »Leipziger Sechs« vom 9. Oktober 1989.

auch mit unserer Regierung geführt wird. Wir bitten Sie dringend um Besonnenheit, damit der friedliche Dialog möglich wird. Es sprach Kurt Masur.«

18.00 Uhr: Nach den Friedensgebeten in den Kirchen kommt es vom Karl-Marx-Platz (Augustusplatz) aus zur bislang größten Massendemonstration in Leipzig. 70 000 Menschen ziehen um den Ring; viele haben ihre Kinder mit, um deutlich zu zeigen, dass von ihrer Seite keine Gewalt ausgehen wird. Die Menschen rufen: »Gorbi, Gorbi!«, »Keine Gewalt!«, »Polizisten, schließt euch an!« und »Wir sind keine Rowdys – wir sind das Volk!« Und immer wieder: »Wir sind das Volk!« Es wird gefordert: »NEUES FORUM zulassen!« Gegen 70 000 Demonstranten ist die Staatsgewalt machtlos. Angesichts der Menschenmenge zieht sie sich zurück. Erstmals gelangen die Menschen ohne Behinderung um den Ring.

18.30 Uhr: Helmut Hackenberg ruft Egon Krenz (Stellvertreter des Staatsratsvorsitzenden Erich Honecker) an, gibt einen Lagebericht und erwartet eine Entscheidung »von oben«. Krenz erklärt lediglich, dass er zurückrufen werde.

Helmut Hackenberg
1926–1999, Ingenieur-Ökonom, 1971–1989
Mitglied der SED-Bezirksleitung Leipzig,
im Herbst 1989 in
Vertretung des erkrankten Horst Schumann
amtierender 1. Sekretär
der SED-Bezirksleitung
und Befehlshaber der
Bezirkseinsatzleitung.

18.35 Uhr: Angesichts der Menschenmassen holt Gerhard Straßenburg, der Chef der Volkspolizeidirektion Leipzig, von DDR-Innenminister Dickel die Entscheidung ein, zur Eigensicherung der Einsatzkräfte überzugehen statt zum Angriff auf die »geschlossene Bewegung«.

19.00 Uhr: Der Demonstrationszug erreicht den Hauptbahnhof und zieht weiter Richtung Reformierte Kirche.

19.25 Uhr: Der Demonstrationszug erreicht die »Runde Ecke«, den Sitz der Bezirksverwaltung der Stasi. Auf beiden Seiten gibt es große Unsicherheit, ob die Staatsmacht zur Gewalt greifen wird oder ob es im Demonstrationszug Unbesonnene oder gar bestellte Provokateure gibt. Es bleibt friedlich. Die vor dem Gebäude postierte Polizei läßt den Zug ohne Behinderungen passieren. Stasi-Chef Mielke läßt später intern verlauten: »Wir waren auf alles vorbereitet, nur nicht auf Kerzen und Gebete.«

19.30 Uhr: Krenz ruft Hackenberg zurück. Der hatte bereits 20 Minuten vorher zu Wötzel gesagt: »Nu brauchen se nich mehr anzurufen. Nu sind se rum.«

9. Oktober, Blick von der Fußgängerbrücke am Friedrich-Engels-Platz

Gerhard Straßenburg *Geb. 1944, Generalmajor, Studium in Moskau, Dienst bei der Volkspolizei in Magdeburg, ab 1989 Chef der Bezirksdirektion der Volkspolizei Leipzig, Präsident des Vereins Sächsische Militärgeschichte Leipzig/Dübener Heide.*

Was auch immer Krenz mitgeteilt hat, die Demonstranten waren längst am Hauptbahnhof vorbeigezogen, an dem die Einsatzkräfte konzentriert waren.

20.30 Uhr: Der Demonstrationszug löst sich auf.

Ab 21.00 Uhr: Radiosender der Bundesrepublik verbreiten die Nachricht vom friedlichen Verlauf der Leipziger Großdemonstration. Damit erfahren vor allem die Menschen in der DDR von dem Ereignis.

10. Oktober: Alle in Leipzig erscheinenden Tageszeitungen berichten über den friedlichen Verlauf der Demonstration. In der SED-Zeitung LVZ ist von »einigen Tausend« Teilnehmern die Rede, dagegen sprechen die Zeitungen der CDU und der LDPD von »Zehntausenden Bürgern Leipzigs«. Das »Neue Deutschland«, Zentralorgan der SED, spricht dagegen von einer »durch Provokateure von langer Hand vorbereiteten aufgeputschten Randale«. In den »Tagesthemen« der ARD gibt es erste Filmberichte über die Demonstration vom Vortag. Siegbert Schefke und Aram Radomski hatten vom Turm der Reformierten Kirche aus gefilmt, wie 70 000 Menschen »Wir sind das Volk« skandierten. Noch in der Nacht hatte der »Spiegel«-Korrespondent Ulrich Schwarz das Video, versteckt in seiner Unterhose, in den Westen zu dem Journalisten Roland Jahn geschmuggelt.

11. Oktober: Bei der Abendvorstellung im Schauspielhaus wird unter tosendem Beifall die »Resolution der

16. Oktober

26

Leipziger Theater« verlesen. Gefordert werden u.a. Informationsfreiheit und Reisefreiheit.

12. Oktober: Gespräch zwischen dem Leipziger Oberbürgermeister Bernd Seidel und leitenden Kirchenleuten der Stadt. Seidel erklärt die Bereitschaft des Rates der Stadt zum Dialog mit den Bürgern und den Vertretern der Kirchen, fordert aber Ruhe und Besonnenheit. – Das NEUE FORUM Leipzig verlangt einen »offenen, gleichberechtigten Dialog mit allen« und distanziert sich von rechtsradikalen wie antikommunistischen Tendenzen.

13. Oktober: Auktion in der Lukaskirche für die Inhaftierten. – Am gleichen Tag werden die meisten Inhaftierten aus der Haft entlassen.

14. Oktober: In den Räumen des Kabaretts »academixer« beginnt eine Reihe von Gesprächsrunden. Hans-Joachim Pommert und Friedrich Magirius sowie Vertreter des (noch immer illegalen) NEUEN FORUM diskutieren über die Medienpolitik der DDR.

15. Oktober: In der Moritzbastei findet vor 1500 Teilnehmern eine öffentliche Diskussion mit zwei Vertretern der »Leipziger Sechs«, Roland Wötzel und Bernd-Lutz Lange, statt.

16. Oktober, Montag: Nach den Friedensgebeten in der Nikolaikirche (Superintendent Friedrich Magirius und Arbeitskreis für Wehrdienstfragen), in der Thomaskirche (Probst Günter Hanisch über Dialog), in der Reformierten Kirche (Pfarrer Klaus Kaden über

Bernd Seidel
Geb. 1949, Dreher,
Physiker, 1979–1984
Stadtbezirksbürger-
meister Leipzig-Mitte,
ab 1984 Stellvertreter
des Oberbürgermeisters,
1986–1989 Oberbür-
germeister von Leipzig,
nach 1990 Geschäfts-
führer eines Leipziger
Bauunternehmens.

16. Oktober,
Karl-Marx-Platz

27

gesellschaftliche Veränderungen), in der Michalis-
kirche (Pfarrer Gerd Krumbholz über Hoffnung auf
Reformen, aber auch Angst) und in der Propstei ziehen 150 000 Menschen ohne Behinderungen durch
Sicherheitskräfte um den Ring; viele sind aus dem
Umland nach Leipzig gekommen. Sie ignorieren damit die über den Stadtfunk verbreiteten Appelle von
Vertretern der SED und der LDPD sowie von Pfarrer Gottfried Schleinitz: »Die Straße ist kein Ort für
Dialog, für Problemlösungen«. Erstmals sind in grö-
ßerer Zahl Transparente mit den Forderungen der Demonstranten zusehen: »NEUES FORUM zulassen«,
»Pressefreiheit«, »Meinungsfreiheit«, »Reisefreiheit
für alle«. Die DDR-Nachrichtensendung »Aktuelle
Kamera« berichtet erstmals über die Leipziger Demonstrationen. – Der Berliner Oppositionelle Siegbert
Schefke gelangt, trotz Straßensperrungen und Obser-
vierung durch die Staatssicherheit, nach Leipzig und
filmt den Demonstrationszug. Am Abend wird die Vi-
deokassette nach Westberlin geschmuggelt und in den
»Tagesthemen« ausgestrahlt.

18. Oktober: Wechsel an der Spitze der SED und des
Staatsrats der DDR: Erich Honecker wird zum Rücktritt gezwungen, sein Nachfolger wird Egon Krenz. In
seiner Antrittsrede sagt er: »Mit der heutigen Tagung
werden wir eine Wende einleiten, werden wir vor allem
die politische und ideologische Offensive wiedererlan-
gen.« – Das ZK (Zentralkomitee) der SED gibt ein
Informationsblatt heraus, in dem es heißt, die Vertreter des NEUEN FORUM würden »das Geschäft der
Feinde des Sozialismus« betreiben.

19. Oktober: In der Moritzbastei findet eine Diskus-
sionsveranstaltung mit etwa 1500 Teilnehmern statt.
Vertreter des NEUEN FORUM werden nicht in das
Präsidium gelassen, weil Roland Wötzel von der SED-
Bezirksleitung sich nicht mit einer »staatsfeindlichen
Vereinigung« an einen Tisch setzen will. Professoren
der Universität fordern die Zulassung des NEUEN
FORUM und die Durchführung freier Wahlen.

21. Oktober: Das NEUE FORUM Leipzig fordert in
einem an alle Zeitungen verteilten Aufruf die Bildung
einer unabhängigen Bürgerkommission zur Überprüfung der Vorkommnisse beim Vorgehen der Sicherheitskräfte in den letzten Wochen.

22. Oktober: Auftakt zum sonntäglichen »Dialog am
Karl-Marx-Platz« im Gewandhaus mit Kurt Masur
und den anderen Unterzeichnern des Aufrufs vom

Rolf-Michael Turek
Geb. 1949, ev. Pfar-
rer, seit 1984 an der
Markusgemeinde in
Leipzig-Reudnitz,
1989 Organisator
einer Flugblattaktion,
die zur Kontrolle der
Stimmauszählung bei
den Kommunalwahlen
aufrief, und Koordina-
tor der anschließenden
Zusammenführung der
Ergebnisse der einzelnen
Wahllokale und deren
Auswertung, Mitbe-
gründer des NEUEN
FORUM, bis 2014
Krankenhausseelsorger
am Universitätsklinikum
Leipzig.

9. Oktober. Eine Hauptforderung der Redner ist die Zulassung des NEUEN FORUM.

23. Oktober, Montag: Erneut wird mit Hilfe des Stadtfunks der Versuch unternommen, die Menschen in über die ganze Stadt verteilte Diskussionsveranstaltungen zu holen, um sie vom Demonstrieren abzuhalten. Stattdessen vereinen sich 300 000 Demonstranten mit dem Ruf »Wir sind das Volk!« zur bisher größten Protestkundgebung in der Geschichte der DDR. Gefordert werden Reformen und das Ende der SED-Herrschaft: »Egon Krenz, mach dir kein' Lenz! China, Wahl, Polizeieinsatz vergessen wir nicht!«, »Visafrei bis Hawaii«, »Sinnvoller Zivildienst«, »Freie Wahlen«, »Die führende Rolle dem Volk«. Das Stasi-Gebäude wird mit Tausenden Kerzen beleuchtet; die Angst vor der Stasi scheint überwunden. Das Leipziger NEUE FORUM stellt seine Forderungen erstmals mit einem Megaphon und gibt die Adresse seines Büros in der Dreilindenstraße 18, einem Abrisshaus in Lindenau, in dem Jürgen Tallig wohnt, öffentlich bekannt. – Der SED-Abgeordnete Bernhard Knupp fordert in einem offenen Brief angesichts der »unerträglichen Sprach- und Reaktionslosigkeit« die sofortige Einberufung der Stadtverordnetenversammlung. – Helmut Hackenberg erklärt: »Wir leben von Montag zu Montag.«

25. Oktober: Der Sender Leipzig überträgt ein Gespräch von Kurt Masur mit Rolf Henrich, Mitbegründer des

NEUEN FORUM. Auszüge daraus erscheinen zwei Tage später im »Sächsischen Tageblatt«. Henrich sagt über die Leipziger Montagsdemonstrationen: »Hier probt der DDR-Bürger den aufrechten Gang. In den Demonstrationen geht es darum, daß Menschen ihre Würde wiederfinden. Es ist überraschend, daß an Forderungen kaum solche materieller Art gestellt werden. Bürger- und Menschenrechte werden eingeklagt. Das zeigt, welche Reife diese Bewegung hat.«

26. Oktober: Günter Schabowski, Berliner SED-Chef, empfängt erstmals Vertreter des NEUEN FORUM. – An der Leipziger Universität beschließen die Vertreter von 449 Seminargruppen die Gründung eines Unabhängigen Studentenrates.

27. Oktober: Der Staatsrat der DDR beschließt eine Amnestie für alle illegal ausgereisten DDR-Bürger und bei Demonstrationen Festgenommenen. – Die seit Anfang Oktober bestehende Alarmbereitschaft in den Kasernen der Leipziger Bereitschaftspolizei wird aufgehoben. – Auf dem Karl-Marx-Platz wird eine Litfaßsäule aufgestellt, Leipzigs Speaker's Corner genannt, an der Gruppen und Bürger ihre Meinungen veröffentlichen können. Sie wird rege genutzt. – Das NEUE FORUM Leipzig beantragt die Erteilung einer Lizenz für die Wochenzeitung »Neues Forum Leipzig«.

28. Oktober: Die Tagung der Stadtverordnetenversammlung im Neuen Rathaus wird zum ersten Mal in der Geschichte der DDR live und vollständig vom Rundfunk (Sender Leipzig) übertragen. – Im »academixer«-Keller findet ein Forum zum Thema »Rechtsstaat – Staatsrecht« statt. Es wird die Schaffung eines von der Politik unabhängigen, den Interessen der Bürger dienenden Rechtssystems gefordert.

29. Oktober: Beim »Dialog im Gewandhaus« diskutieren etwa 3000 Teilnehmer siebeneinhalb Stunden lang über »Sozialistische Demokratie – aber wie?« Im Hörsaal 19 der Universität gibt es heftige Auseinandersetzungen zum Thema »Ökonomie und Ökologie – Gegensatz oder Einheit?«, bei denen auch der Verfall der Leipziger Bausubstanz zur Sprache kommt. Bei einer Diskussion im Neuen Rathaus fordern etwa 500 Bürger eine schonungslose Analyse der Fehler der bisherigen Politik. – Gründung des »Demokratischen Aufbruch« als landesweite Vereinigung; Vorsitzender wird Rechtsanwalt Wolfgang Schnur, von dem noch niemand weiß, dass er IM (Inoffizieller Mitarbeiter) der Staatssicherheit ist.

23. Oktober, Karl-Marx-Platz

30. Oktober, Montag: Demonstration mit 300 000 Teilnehmern nach dem Friedensgebet in sieben Kirchen. Es kommt zu einer spontanen Kundgebung des NEUEN FORUM vor dem Neuen Rathaus. Redner ist Jochen Läßig; seine Forderungen werden jeweils mit Sprechchören beantwortet.

31. Oktober: Die LVZ schlägt vor, die Montagsdemos auf den Vorplatz des Zentralstadions, ins Stadion selbst oder in den Clara-Zetkin-Park zu verlegen (und damit unsichtbar zu machen). – Bei einer Diskussionsveranstaltung im Artur-Becker-Klub (Elsterstraße, heute Haus Leipzig) erklärt Oberbürgermeister Bernd Seidel, dass er sich sofort mit konkreten Schritten für eine Legalisierung des NEUEN FORUM einsetzen werde.

1. November: Das Reiseverbot in die ČSSR wird aufgehoben. – Oberbürgermeister Bernd Seidel empfängt erstmals offiziell drei Vertreter des NEUEN FORUM und sichert ihnen seine Unterstützung bei der Legalisierung zu.

2. November: In Berlin treten die Vorsitzenden des FDGB (Harry Tisch), der NDPD (Heinrich Homann) und der CDU (Gerald Götting) zurück. Die SED-Bezirkssekretäre von Gera und Suhl werden abgelöst. – Die »Mitteldeutschen Neuesten Nachrichten« veröffentlichen als erste Leipziger Tageszeitung im

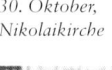

30. Oktober,
Nikolaikirche

vollständigen Wortlaut den »Offenen Problemkatalog des NEUEN FORUM«, in dem mit Nachdruck Forderungen zur Wirtschaft und Ökologie, zur Kultur, Bildung, Wissenschaft und zum Rechts- und Staatswesen gestellt werden.

30. Oktober, Karl-Marx-Platz

3. November: Die Prager Botschaft wird erneut von einer Flüchtlingswelle überrollt. Noch am gleichen Abend dürfen alle 4500 DDR-Bürger ausreisen. – Der Leipziger Oberbürgermeister Bernd Seidel erklärt seinen Rücktritt. Sein Stellvertreter Günter Hädrich, der bisherige Vorsitzende der Stadtplankommission, übernimmt die Amtsgeschäfte.

4. November: In Berlin demonstrieren etwa 500 000 Menschen für Presse-, Meinungs- und Versammlungsfreiheit. In seiner Rede prägt der Schriftsteller Christoph Hein den Begriff »Heldenstadt Leipzig«: »Ich denke, unser Gedächtnis ist nicht so schlecht, daß wir nicht wissen, wer damit begann, die übermächtigen Strukturen aufzubrechen, wer den Schlaf der Vernunft beendete. Es war die Vernunft der Straße, die Demonstrationen des Volkes. Und da ist an erster Stelle Leipzig zu nennen. Der Oberbürgermeister unserer Stadt sollte im Namen der Bürger Berlins vorschlagen, die Stadt Leipzig zur Heldenstadt der DDR zu ernennen.«

5. November: Horst Schumann, der 1. Sekretär der SED-Bezirksleitung, tritt zurück. Sein Nachfolger wird Roland Wötzel. – Beim »Dialog am Karl-Marx-Platz« erklärt Kulturminister Hans-Joachim Hoffmann im Gewandhaus unter dem Beifall der 1500 Teilnehmer: »Ich bin dafür, daß das Politbüro (der SED) geschlossen zur ZK-Tagung in dieser Woche seinen Rücktritt erklärt.«

6. November, Montag: Die Ausreisen halten unvermindert an: Allein von Sonnabend bis Montag sind 23 200 DDR-Bürger in den Westen gegangen. – Etwa 300 000 Menschen ziehen bei heftigem Regen um den Leipziger Ring. Erstmals kommt es nach dem Friedensgebet und vor dem Demonstrationszug zu einer Kundgebung auf dem Karl-Marx-Platz mit verschiedenen Rednern. Sie fordern den Rücktritt der Regierung und des SED-Zentralkomitees, die Aufgabe des Führungsanspruchs der SED und freie Wahlen. Es wird klar: Der SED nützt die scheinbare »Wendung mit dem Gesicht zum Volk« nichts. Auf einem Transparent ist zu lesen: »Leipzig – Heldenstadt der DDR«. – Auf dem Sendeplatz des abgesetzten »Schwarzen Kanals« läuft die neue Sendung »Klartext« mit einer aufsehenerregenden Reportage mit dem Titel »Ist Leipzig noch zu retten?«, die sich mit dem katastrophalen Zustand der Leipziger Bausubstanz auseinandersetzt.

7. November: Die gesamte Regierung der DDR unter Ministerpräsident Stoph tritt zurück. – In der Reformierten Kirche wird die Leipziger SDP gegründet. – In Leipzig werden Wehrpflichtige als Bus- und Straßenbahnfahrer eingesetzt, da wegen der Ausreisen 40 % der Stellen nicht mehr besetzt sind. – Das NEUE FORUM Leipzig kündigt die Gründung eines Verlags und einer Zeitung gleichen Namens an.

8. November: Die 10. Tagung des ZK der SED beschließt den Rücktritt der meisten alten Politbüromitglieder, darunter Kurt Hager, Erich Mielke, Horst Sindermann, Harry Tisch und Willi Stoph. Mehr als 100 000 Mitglieder sind bereits aus der Partei ausgetreten. – Das Ministerium des Inneren der DDR bestätigt die Anerkennung des NEUEN FORUM als politische Vereinigung.

9. November: Schweigemarsch auf Initiative des NEUEN FORUM für die Opfer der Pogromnacht von 1938. – Am späten Nachmittag erklärt Günter Schabowski in einer Pressekonferenz, der Ministerrat habe die faktische Reisefreiheit beschlossen. In Berlin fällt noch in dieser Nacht die Mauer; am nächsten Tag werden überall die Grenzen geöffnet und Freudenfeste gefeiert. Mit der Grenzöffnung wird deutlich, dass es keine Einigkeit der Opposition über politische Ziele gab und gibt. Reformforderungen werden durch die

Hans-Jürgen Sievers
Geb. 1943, evangelisch-reformierter Pfarrer, seit 1974 Gemeindepfarrer in Leipzig, engagierte sich besonders in der Kinder- und Jugendarbeit, 1984–92 Schriftleitung von »Friede und Freiheit«, stellte seine Kirche für die Gründung der SDP zur Verfügung, von Januar bis Mai 1990 moderierte er zusammen mit Superintendent Magirius die »Runden Tische«, 1999 Ehrenmedaille der Stadt Leipzig, seit 2005 im Ruhestand.

10. November, Meldeamt Petersstraße

35

13. November

neuen Forderungen »Wir sind ein Volk!« und nach der D-Mark übertönt. Die Solidarität der Demonstranten nimmt ab, es gibt keine gemeinsamen Forderungen mehr. Die gemeinsame Angst und der Wille nach Veränderungen sind einer Befreiung gewichen, die vorerst die Gemeinschaft nicht mehr zu brauchen scheint.

10. November: Die Meldeämter öffnen schon um 2 Uhr in der Nacht, um die Nachfrage nach Pässen (für Besuche in der Bundesrepublik und Westberlin) befriedigen zu können.

11. November: Etwa 5000 Mitglieder der SED fordern bei einer Kundgebung vor dem Dimitroff-Museum einen Sonderparteitag zur Erneuerung der Partei.

13. November, Montag: In sieben Leipziger Kirchen finden Friedensgebete statt. Auf der anschließenden Demonstration mit 150 000 Teilnehmern taucht erstmals die Losung auf: »Deutschland – einig Vaterland!« Bei Kundgebungen im ganzen Land demonstriert etwa eine Million Menschen. – In der Volkskammer muss die Staatsführung eingestehen, dass die DDR faktisch pleite ist. Stasi-Chef Erich Mielke hält eine groteske Rede, die in dem Satz gipfelt: »Ich liebe euch doch alle!« Der bisherige 1. Sekretär der SED-Bezirksleitung Dresden, der als Reformer geltende Hans Modrow, wird zum Ministerpräsidenten der DDR gewählt.

18. November,
Dimitroff-Museum

18. November: Etwa 20 000 Menschen nehmen an der ersten öffentlichen (genehmigten) Kundgebung des NEUEN FORUM vor dem Dimitroff-Museum teil. Die Redner fordern Reformen, Kontrolle und Auflösung der Staatssicherheit und stellen den Machtanspruch der SED in Frage.

20. November, Montag: Friedensgebet und anschließende Montagsdemo mit etwa 200 000 Teilnehmern. Auf der Kundgebung auf dem Karl-Marx-Platz wird erstmals die Vereinigung der beiden deutschen Staaten gefordert. Noch schützen Posten des NEUEN FORUM das Stasi-Gebäude. – Seit der Öffnung der Grenzen sind mehr als drei Millionen DDR-Bürger in die Bundesrepublik gereist, fast 100 000 sind übergesiedelt.

22. November: Die Volkskammer richtet einen Ausschuss zur Überprüfung von Amtsmissbrauch, Korruption und Bereicherung ein.

24. November: Einer Meinungsumfrage zufolge wollen 83 % der befragten DDR-Bürger einen souveränen sozialistischen deutschen Staat. – Die 32. Internationale Dokumentar- und Kurzfilmwoche wird mit dem Film »Leipzig im Herbst« eröffnet.

25. November: Egon Krenz besucht überraschend Leipzig und führt Gespräche auf der Straße, im Warenhaus und im Heizwerk. Er erklärt: »Ich bin tief betroffen, weil noch einmal das ganze Ausmaß deutlich wurde, wie Leipzig in den vergangenen Jahren von der Zentrale vernachlässigt worden ist.«

26. November: Gründung der Grünen Partei in der DDR. – Namhafte Persönlichkeiten und Vertreter verschiedener Oppositionsgruppen unterzeichnen den Aufruf »Für unser Land«. Sie fordern einen eigenständigen Weg der DDR und warnen vor einer Vereinnahmung durch die Bundesrepublik: »Die Welt braucht eine DDR.«

27. November, Montag: Zur Montagsdemonstration nach den Friedensgebeten und einer Kundgebung auf dem Karl-Marx-Platz kommen etwa 200 000 Teilnehmer. Die Kundgebung wird vom NEUEN FORUM koordiniert. Es gibt massive Forderungen nach einer Vereinigung der beiden deutschen Staaten. – Eine Amnestie wird erlassen. Sie bewirkt, dass DDR-weit 2934 Ermittlungsverfahren eingestellt, 228 Personen aus der Untersuchungshaft und 47 Verurteilte aus den Gefängnissen entlassen werden.

28. November: Im Bundestag stellt Helmut Kohl überraschend sein 10-Punkte-Programm »Zur Überwindung der Teilung Deutschlands und Europas« vor.

29. November: Etwa 10 000 Teilnehmer einer SED-Kundgebung auf dem Georgi-Dimitroff-Platz fordern die Erneuerung der Partei. Sie demonstrieren gegen eine Vereinigung mit der Bundesrepublik und »Für unser Land«.

30. November: Bildung einer Regierungskommission zur Entwicklung der Stadt Leipzig. – Die Smog-Einsatzstufe 2 wird für Leipzig ausgerufen.

1. Dezember: Die Volkskammer streicht den Führungsanspruch der SED aus der Verfassung. Gegen sechs hohe SED-Funktionäre (unter ihnen Erich Honecker) wird ein Ermittlungsverfahren wegen Amtsmissbrauch und Korruption eingeleitet. – In Leipzig findet der erste »Runde Tisch« in der DDR statt. In der Folge entstehen in der ganzen DDR »Runde Tische«. – Wolf Biermann tritt zum ersten Mal seit seiner Ausbürgerung 1976 in der DDR auf. In der Messehalle 2 erklärt er vor etwa 5000 Leipzigern: »Ich weiß, wem ich es verdanke, daß ich hier wieder auftreten kann – Euch!«

2. Dezember: Schüler-Demo mit etwa 5000 Teilnehmern für Reformen im Bildungswesen und einen unterrichtsfreien Sonnabend (ab 6. Dezember verwirklicht).

1. Dezember, Konzert von Wolf Biermann in der Messehalle 2

Tobias Hollitzer
Geb. 1966, Möbel-
tischler; ab 1986 Mit-
arbeit in verschiedenen
Umweltgruppen, 1989
Organisation des Pleiße-
Pilgerweges in Leipzig,
1990 im Auftrag des
Stasi-Untersuchungsaus-
schusses der Volkskam-
mer Archivbeauftragter
für den Bezirk Leipzig;
heute Geschäftsführer
des Bürgerkomitees
Leipzig, das Träger des
Museums »Runde Ecke«
in Leipzig ist.

3. Dezember: Das Politbüro und das ZK der SED unter Egon Krenz treten auf Druck der Parteibasis zurück. Erich Honecker, Erich Mielke und andere ehemalige SED-Führer werden aus der Partei ausgeschlossen. – Einem Aufruf des Leipziger Superintendenten Johannes Richter vom 21. November folgend, wird eine Menschenkette für demokratische Erneuerung durch die DDR gebildet.

4. Dezember, Montag: Montagsdemo mit ca. 150 000 Menschen nach dem Friedensgebet und der Kundgebung auf dem Karl-Marx-Platz. Nach Gerüchten, dass die Stasi nicht nur 100 Milliarden Mark auf Schweizer Konten gebracht habe, sondern nun auch die Akten vernichte bzw. sie nach Rumänien bringe, ist ein Sturm auf die Stasi-Zentrale (»Runde Ecke«) nicht mehr aufzuhalten. Die Besetzung der Stasi-Zentrale (noch vor der Demonstration) durch das NEUE FORUM und das Bürgerkomitee (in Gründung) verhindert diesen »Sturm«. Die Demonstranten kommen an ein schon besetztes Gebäude, so dass es nur eine gewaltfreie Protestaktion gibt. Rechtsanwalt Schnur (dessen Identität als IM »Torsten« erst später bekannt wird) ruft zur Besonnenheit auf. Das Bürgerkomitee, das die kontrollierte Stasiauflösung und die zukünftige Akteneinsicht organisieren wird, gründet sich

4. Dezember,
Besetzung der Stasi-
Zentrale, am Tisch links:
Stasi-Chef Manfred
Hummitzsch

noch in der Nacht vom 4. zum 5. Dezember, um »im Prozeß der Umgestaltung Rechtssicherheit, Stabilität und die Erhaltung der Werte« zu sichern. Die Zimmer der Stasi werden in den nächsten Tagen und Wochen versiegelt, man versucht, weitere Aktenvernichtungen zu verhindern. Ab 6. Dezember übernimmt die Volkspolizei die Sicherung.

6. Dezember: Egon Krenz tritt auch als Staatsratsvorsitzender der DDR zurück, sein Nachfolger wird Manfred Gerlach (LDPD).

7.–8. Dezember: Erste Sitzung des Zentralen Runden Tisches in Berlin. Er fordert die Regierung auf, freie Wahlen am 6. Mai 1990 abzuhalten und das Amt für Nationale Sicherheit (AfNS, Nachfolger der Stasi) aufzulösen.

9. Dezember: Auf dem außerordentlichen Parteitag der SED in Berlin wird Gregor Gysi zum Vorsitzenden gewählt.

11. Dezember, Montag: Montagsdemo mit etwa 150 000 Teilnehmern. Zentrales Thema ist die »Wiedervereinigung«. Rufe »Deutschland – einig Vaterland« werden erstmals von schwarz-rot-goldenen Fahnen umrahmt. – Superintendent Friedrich Magirius schlägt vor, die nächste Demonstration als Schweigemarsch für die Opfer des Stalinismus zu gestalten;

Johannes Beleites
Geb. 1967, Elektriker,
Museumsmitarbeiter,
Jurist, aktiv beteiligt an
der Kontrolle der Kom-
munalwahlen 1989, nach
Demonstration am
7. Oktober 1989 »zuge-
führt«, beteiligt an der
Stasi-Auflösung in Leip-
zig, Sonderausschuss
der Volkskammer zur
Kontrolle der Auflö-
sung des MfS/AfNS,
heute Studienleiter der
Evangelischen Akademie
Thüringen.

11. Dezember

am Weihnachts- und Neujahrsmontag solle Pause sein, um über das Erreichte nachzudenken.

14. Dezember: Im Bezirkstag wird ein Umweltpapier für Leipzig verabschiedet. – In der von Bürgern besetzten Stasizentrale in Leipzig wird die Abhörzentrale unbrauchbar gemacht.

16.–17. Dezember: In Leipzig findet der Gründungsparteitag der Partei »Demokratischer Aufbruch – sozial, ökologisch« statt. Wolfgang Schnur (IM »Torsten«) wird zum Vorsitzenden gewählt. – Zwei Sonderzüge mit 2000 Leipzigern fahren in die Partnerstadt Hannover. – Der zweite Teil des außerordentlichen Parteitags der SED beschließt in Berlin die Namensänderung in SED/PDS (Partei des demokratischen Sozialismus). – Auf dem Parteitag der CDU in Berlin wird Lothar de Maizière zum Vorsitzenden gewählt.

18. Dezember, Montag: 13. Montagsdemonstration mit ca. 200 000 Teilnehmern. Erstmals herrscht wieder eine Atmosphäre der Besinnung. Mit Kerzen in der Hand gedenken die Menschen unter dem Geläut der Leipziger Kirchenglocken der Opfer von Gewalt und Unterdrückung in der DDR. Die Demos gehen in die »Weihnachtspause«.

19. Dezember: Bundeskanzler Kohl fordert in Dresden »ein Haus Deutschland, das unter einem euro-

päischen Dach gebaut werden muß. Mein Ziel bleibt, *18. Dezember* wenn die geschichtliche Stunde es zuläßt, die Einheit der Nation.« – In der DDR werden die Parteien der Bundesrepublik wichtiger als eigene Neugründungen, Weichen für Profilierungen und politische Karrieren werden gestellt; es reißen Gräben auf in der Oppositionsbewegung, was zu einem gewissen Vertrauensverlust in der Bevölkerung führt.

21. Dezember: Frankreichs Präsident François Mitterand besucht Leipzig. Auf einem Forum in der Universität betont er, dass in dieser Stadt nicht nur DDR-, sondern europäische Geschichte geschrieben worden sei.

23. Dezember: Die Lufthansa startet eine PR-Aktion zu Weihnachten und zur Jahreswende und vergibt 1000 Freiflüge von Leipzig nach Frankfurt am Main für Weihnachtsbesuche.

27. Dezember: Kurt Masur wird Ehrenbürger der Stadt Leipzig.

31. Dezember: Im Jahr 1989 sind insgesamt 343 854 DDR-Bürger in die Bundesrepublik übergesiedelt. – Das erste Programm der ARD zeigt die traditionelle Kabarettsendung »Schimpf vor Zwölf«. Zum ersten Mal treten die »Leipziger Pfeffermühle« und die »Münchner Lach- und Schießgesellschaft« gemeinsam auf.

3. Der Weg zu den ersten freien Wahlen

1990

1.–2. Januar: Rechtsextreme Republikaner verteilen Werbematerial, das von der Polizei beschlagnahmt wird.
4.–5. Januar: Erstes Treffen von Beauftragten der Bürgerkomitees aus vielen DDR-Bezirken in Leipzig; die abschließende Presseerklärung wird auch im DDR-Fernsehen verlesen: Es soll ein DDR-weites Treffen in Berlin am 12. Januar geben. – Etablierung der regelmäßigen »Runden Tische« als neue Machtstrukturen unter Leitung von Superintendent Magirius.
6.–7. Januar: Erste Volksbaukonferenz in Leipzig als Versuch einer basisdemokratischen Erörterung baupolitischer Probleme mit etwa 1000 Teilnehmern. Die Konferenz bewirkt einen generellen Abrissstop alter Bausubstanz. – Das Landesdelegiertentreffen des NEUEN FORUM in Leipzig fasst den Beschluss, dass die mit 200 000 Mitgliedern größte oppositionelle Vereinigung der DDR eine Bürgerbewegung bleibt und sich nicht zur Partei umbildet.
8. Januar, Montag: Auf der 14. Montagsdemo dominieren die Losungen: »Zwei Wochen nicht auf der Straße, schon hebt die SED die Nase!« (bezogen auf die Versuche der SED, den letzten Rest ihrer Macht zu retten und einen neuen Verfassungsschutz zu installieren) und erstmals massiv: »Nieder mit der SED!« Aggressivität gegen alle linken Gruppierungen macht sich bemerkbar; sie werden undifferenziert mit der SED gleichgesetzt. Wieder verteilen die rechtsextremen Republikaner Werbematerial. Nebeneinander stehen Losungen wie »Gott sein Dank, der Westen kommt!« und »Zehn Punkte von Kohl – außen glänzend, innen hohl! Wir verkaufen uns nicht!«
10. Januar: Einweihung des Hauses der Demokratie im ehemaligen Gebäude der SED-Stadtleitung in der Leipziger Bernhard-Göring-Straße.
13. Januar: Umbenennung der SDP in SPD.
15. Januar, Montag: Demonstration mit etwa 150 000 Teilnehmern. Hauptforderungen sind die Wiedervereinigung Deutschlands und Verbot und Enteignung der SED. Es kommt zwischen Befürwortern und Gegnern der Wiedervereinigung zu einem Streit mit anschließendem Tumult vor dem Neuen Rathaus. – In Berlin stürmen und verwüsten Demonstranten die Stasizentrale.

19. Januar: Ermittlungsverfahren wegen Wahlbetrugs gegen Funktionäre werden eingeleitet.

20. Januar: Gründung der DSU (Deutsche Soziale Union), Vorsitzender wird der Pfarrer der Thomaskirche Hans-Wilhelm Ebeling.

21. Januar: Ausschluss von Egon Krenz und weiteren Mitgliedern des Politbüros aus der SED.

22. Januar, Montag: Demonstration nach vorheriger Kundgebung mit etwa 120 000 Teilnehmern. Etwa 100 junge Linke einer »Gegen-Demo« werden regelrecht gehetzt; Pfarrer Weidel von der Friedenskirche Gohlis kann Gewalt verhindern.

24. Januar: Erste Polizeidemo mit 3000 Teilnehmern. Die Demonstranten bekennen sich zur Sicherheitspartnerschaft mit allen demokratischen Kräften.

26. Januar: Selbstauflösung der Stadtverordnetenversammlung wegen fehlender Legitimation durch den Wahlbetrug. Der Runde Tisch übernimmt die Aufgaben des Stadtparlaments; bis zur Kommunalwahl am 6. Mai vereint er Legislative und Exekutive. Die Runden Tische gewährleisten die Regierbarkeit der Kommunen und ebnen demokratischen Strukturen den Weg. – Gründung der »Kulturstiftung Leipzig – Stiftung für Denkmalschutz und Umweltpflege«. – Die erste deutsch-deutsche Zeitung erscheint: »Wir in Leipzig (WiL)«.

Brigitte Moritz
Geb. 1954, Katechetin, Mitglied der Arbeitgruppen »Friedensdienst« und »Frauen für den Frieden«, Gemeindehelferin an der Lukaskirche, Teilnahme am Pleiße-Gedenkmarsch, 1991/92 Geschäftsführerin der Stiftung »Runder Tisch« e.V., Mitbegründerin des Bildungswerkes Weiterdenken in der Heinrich-Böll-Stiftung; Geschäftsführerin des RAA (Verein für Interkulturelle Arbeit, Jugendhilfe und Schule e.V.) Leipzig.

22. Januar, Runder Tisch

29. Januar, Montag: Demonstration mit 100 000 Teilnehmern gegen Radikalismus von rechts und links. – In Leipzig wird der erste Kreisverband der rechtsextremen Republikaner in der DDR gegründet. – Besuch Modrows in Moskau bei Gorbatschow; Übereinstimmung in einer etappenweisen Vereinigung beider deutscher Staaten.

30. Januar: Die Staatskapelle Berlin übergibt Leipzig den Erlös aus zwei Benefizkonzerten in Ost- und West-Berlin unter Leitung Yehudi Menuhins für den Wiederaufbau verfallener Stadtkerne in der DDR: fast 60 000 Mark und über 17 000 DM.

5. Februar, Montag: Demonstration mit 100 000 Teilnehmern. Es überwiegen Rufe nach deutscher Einheit. Vor dem Zug marschieren einige Hundert rechtsextreme Republikaner mit zum Hitlergruß erhobenen Armen. – Die 16. Tagung der Volkskammer wählt acht Vertreter der oppositionellen Gruppen als Minister ins Kabinett der nationalen Verantwortung und empfiehlt, die Wahlen zur Volkskammer am 18. März durchzuführen. Sie verbietet die rechtsextremen Republikaner auf dem Gebiet der DDR und beschließt Meinungs-, Informations- und Medienfreiheit. Eine anonyme Bombendrohung unterbricht die Tagung.

7. Februar: Die »Presse« (Wien) schreibt: »Die Helden bleiben lieber zu Hause. Sie überlassen die Leipziger Innenstadt nun anderen: Unter ihnen sind viele Radikale, Randalierer, Besoffene, Spinner, Extremisten.«

12. Februar, Montag: Demonstration mit etwa 50 000 Teilnehmern. Hinter dem Opernhaus verbrennen Rechtsradikale Werbematerial anderer Parteien.

13. Februar: Erstes Zwei-Plus-Vier-Treffen. Die deutsche Einheit ist nur mit der Zustimmung der Siegermächte des Zweiten Weltkrieges möglich.

19. Februar, Montag: Demonstration mit etwa 20 000 Teilnehmern nach vorheriger Kundgebung.

23. Februar: Auf dem Gelände der AGRA in Leipzig findet der erste SPD-Parteitag statt.

25. Februar: Willy Brandt spricht vor etwa 60 000 Leipzigern auf dem Karl-Marx-Platz: »Leipzig muß wieder zu einem Zentrum deutscher und europäischer Kultur werden.«

26. Februar, Montag: Demonstration mit etwa 100 000 Teilnehmern steht im Zeichen des Wahlkampfes mit stark nationalistischem Charakter und Karnevalsumzugsstimmung. Die demokratischen

Gruppen äußern die Absicht, sich aus den Demos zurückzuziehen.

5. März, Montag: Demonstration mit 50 000 Teilnehmern. Auf der vorangehenden Kundgebung werden Kandidaten zur Volkskammerwahl vorgestellt; von einem LKW herab werden bundesdeutsche Fahnen verteilt.

7. März: In Erwartung hoher Arbeitslosigkeit beschließt der Runde Tisch, das bisher von der Staatssicherheit genutzte Gebäude dem Arbeitsamt zu übergeben.

12. März, Montag: In Leipzig findet die letzte Montagsdemo mit etwa 70 000 Teilnehmern statt. Superintendent Magirius erinnert an den Ruf »Keine Gewalt«.

13. März: Wahlkundgebung auf dem Dimitroff-Platz mit Altbundeskanzler Helmut Schmidt (SPD).

14. März: Wahlkundgebung mit ca. 300 000 Teilnehmern auf dem Karl-Marx-Platz mit Bundeskanzler Helmut Kohl (CDU), der »blühende Landschaften« verspricht. Es kommt zu Tumulten.

18. März: Erste freie Wahlen zur Volkskammer. Die Leipziger entscheiden so: CDU 28,1 %, SPD 26,16 %, PDS 16,6 %, Deutsche Soziale Union 12,53 %, Bund Freier Demokraten 6,05 %, Bündnis 90 5,26 %, Grüne Partei und Unabhängiger Frauenverband 2,20 %, Demokratische Bauernpartei 0,45 %, Demokratischer Frauenbund Deutschlands 0,35 %, Nationaldemokratische Partei Deutschlands 0,27 %, Aktionsbündnis Vereinigte Linke 0,17 %.

14. März, Karl-Marx-Platz, Wahlkundgebung mit Bundeskanzler Kohl

U1: Montagsdemonstration auf dem Leipziger Ring vor der
Reformierten Kirche, 6. November 1989
U2: Montagsdemonstration auf dem Karl-Marx
Platz, 23. Oktober 1989
U3: Montagsdemonstration, Dezember 1989
U4: Innenstadt Leipzig
U5: Montagsdemonstration auf dem Karl-Marx-
Platz, 20. November 1989
U6: Aktualisiertes Ortseingangsschild, 12. November 1989
S. 48: Montagsdemonstration, 13. November 1989

Bildnachweis: Archiv Bürgerbewegung, Leipzig (S. 5, 6, 8,
11, 12, 14, 21), Gerhard Gäbler (U5, S. 32, 34), Thomas
Härtrich/transit (U1, U2, S. 27, 29, 41, 43), Martin Jehni-
chen/transit (S. 9, 18), Armin H. Kühne (S. 19, 26), Sieghard
Liebe (S. 39, 48), Martin Naumann (U6, S. 17, 20, 24/25, 30,
33, 35, 36, 37, 40, 42, 45, 47), Gerhard Weber (S. 1, U3)

Karte: OpenStreetMap Mitwirkende, geodressing.de
Satz, Gestaltung: Gabine Heinze, TOUMAart, Leipzig
Herstellung: Westermann Druck Zwickau GmbH
3., korrigierte Auflage, 2017

© Lehmstedt Verlag, Leipzig, 2009
www.lehmstedt.de
ISBN 978-3-937146-71-3